LA SED CON QUE MIRABAS

LA SED CON QUE MIRABAS

ADRIANA HOYOS

1/10

Nautilus
EDICIONES

LA SED CON QUE MIRABAS
Primera edición: abril 2024

© De los poemas: Adriana Hoyos
© De la fotografía de la autora: Eduardo Marco
© Del diseño de cubierta y maquetación: Nautilus Ediciones
© De la selección de poetas y coordinación editorial: Samuel Trigueros
   Nautilus Ediciones
   nautilusedicioneshn@gmail.com

ISBN: 978-84-10241-01-5
Depósito Legal: Z 548-2024

Impreso en España, Unión Europea

ADRIANA HOYOS
(Colombia-España)

Escritora, cineasta y gestora cultural, nacida en Bogotá. En su infancia se educa en el arte del violín de la mano de su padre, Luis Rafael Hoyos Campillo. Se instala en Barcelona siendo aún una niña y actualmente reside en Madrid.

Ha participado en encuentros internacionales de poesía en Colombia, Dinamarca, Ecuador, Egipto, España, Italia, Macedonia, Marruecos, Portugal Serbia, Suecia y Turquía. Poemas suyos se han traducido a más de nueve idiomas y han aparecido en numerosas revistas y antologías de América, Europa y África.

Ha publicado los libros *La torre sumergida* (2009), *La mirada desobediente* (2013), *Del otro lado* (2017), *Autobiografía con sombras* (2022) y *No es a mí a quien lees* (2022). Este último fue editado en 2023 en Portugal y traducido al portugués por Alex Tarradellas y Rita Custódio bajo el título *Geometrias da voz*. En 2023 apareció una antología de su obra traducida al serbio por Dušica Nikolić Dann bajo el título *Ono sto su mi donele reči*. En 2023 le fue concedida la residencia artística Coracle Europe Residency in Tranås, Suecia, donde publica la plaquette *Fluir con el agua*, con versiones de sus poemas al sueco a cargo de Frank Bergsten. En 2024 Sílaba Editores le publica en Colombia *Esa que canta hacia adentro* y ve la luz la antología *Lo que me trajeron las palabras* con el sello editorial Domingo Atrasado.

Ha dirigido los cortometrajes *Elegía* (1998) y *Hotel Santa Fe* (2002) y el mediometraje *Beneyto desdoblándose* (2010). En 2005 fundó, junto a David Egea, la empresa de publicidad La Huella del Gato.

Fue codirectora durante catorce años del Festival Visual Cine Novísimo (2000 -2014). Ha formado parte de la junta directiva de la Asociación de Mujeres Cineastas (CIMA), poniendo en marcha iniciativas relevantes para visibilizar el trabajo de las mujeres en el cine y en la publicidad, entre ellas *CIMA Mentoring, Women in Action* y el Premio *CIMA a la igualdad en el cine publicitario*.

Solamente un mortal a una mortal
puede amar inmortalmente

Attila József

¡Ah, si al menos pudiera,
suscitar el amor
como una cuesta segura hacia mi destino!

Alda Merini

Escribo sólo para retenerme
Para que la vida no huya
En un afán irremediable
En un intento fallido

Este es mi cuerpo que te invoca
Esta es mi noche de angustia hasta los cielos
Donde contemplo el amor en secreto
La ciudad donde fuimos felices

Perspectiva del dolor
Paisaje eterno del deseo

Carril Rúbrico
Ese trayecto hacia ti
Tránsito de lo imposible
Con el aire ritual de la mañana
Viaje de montaña rusa
Dos líneas paralelas tú y yo

Aún percibo tras el muro a la adolescente
Ruborizada ante tus ojos negros
Tu boca semiabierta llena el espacio de mis pupilas
Mientras aspiras hondo la esencia de un Ducados
Imprimes énfasis en cada signo

De rodillas frente a la pizarra cómplice
Tú fuiste la forma exacta de mi deseo
Me enseñaste el desasosiego
Ebrios de caricias no cometidas

Tardes de números impares
De secretos triángulos invocando
Todo lo que en mí había de ti
Cuánto silencio interpretado

Jugar al ajedrez en sueños
Y amanecer reina por fin a tu lado

Sabadell

En tus calles otro tiempo me aguarda
Dulcemente atrapado en cuadernos rayados
Detenido en estancias a las que no volveré

Los días de colegio mariposas en seda
La silla que guarda la forma de mi cuerpo
Y enfrente otra silla que espera paciente

La conversación de una tarde de domingo
Apurada a cielo abierto
Aguafuerte de manos y bocas

Las risas detrás de las buganvillas
Los códigos de lo prohibido
Los inexplorados límites de la ciudad

Los pasos perdidos hacia el tren
La sed con que mirabas
Quemándome de soledad

Ciudad detenida en otro tiempo
Anclada para siempre en mí

La exhalación de tu boca
Se funde en el espejo
Con el vaho de mi boca

Oh fuente música de agua
Destello y sed de lo prohibido

La palabra besa el objeto
Acaricia la sombra
Revela lo ignorado

Tu rostro se multiplica
En los rostros ajenos

Invocación

El otro es tal vez la certeza de que existo
El otro es la confirmación de mi mirada
El otro me enseña la distancia y el dolor
Comienzo de lo inevitable

¿Dónde estás, amor?
¿Dónde con tu gracia infinita?
Para acurrucarme en invierno
En esa respiración que sostiene
Luz precisa y clara de deleite

En esta hora la emoción florece
Hasta sentir el calor de tu voz
En mí crece un dios magnánimo
Estremece el cuerpo sonámbulo

Vendrá una cosecha de himnos
Vendimia de gozo indestructible
Estación de felicidad suprema

¿Dónde estás amor?
Vislumbro el deseo y también la renuncia
Tan solo imaginar tu abrazo desfallezco
Sé que no existe tiempo
Y distancia se ha borrado

Amor de mediodía

Vi contigo la luz de la torre Eiffel
Los bulevares y las parejas junto al Sena
Como dos figuritas coloreadas por Van Gogh
Aspiramos el sol de París en el verano

Fuimos un solo cuerpo en el instante alineado
Arc de Triomphe Obélisque de la Concorde
Tu sustancia penetró las alas de los pájaros
Las fuentes
Los parques
L´amour l ´aprés midi
Las estatuas guardaron nuestro amor

Compuse los poemas en el puente del Alma
Llegué hasta tu reino junto a la Torre
Sentí la gracia en cada nota de ese violín
Conté la vida en instantes de amor tuyo

Suspiré siete veces frente al mar
Cuando la luna brilló llena
Quise arrojarme y dormir bajo el agua
Hasta anestesiar este volcán que en mí ardía

El dios Pan

A mi espalda el dios Pan hace el ademán de tocar
Parece que el tiempo lo ha congelado en la acción

Observo su gesto al ensayar la música
Adivino las notas que lo impulsan
Los acordes que una mañana improvisará para su musa

Con esa mirada entre feliz y melancólica
De quien conoce los placeres y los tormentos del amor

Deseo

Devórame. Defórmame a imagen tuya para que nadie más,
después de ti, comprenda ya en absoluto la razón de tanto deseo.

Marguerite Duras
Hiroshima mon amour,

Nazco al abismo
Enciendo la palabra
Crezco al amor

Yo soy la luz que llega al ojo
Yo soy el fuego que arde
Yo soy la que habita el borde

Ellos hacen el amor
Estremecimiento y goce
Torbellino del alma
Los caballos galopan esta noche

Amor es carencia
Es falta
Solo imaginación

En las brasas de este sueño
Un bosque crece
Algo hay que no sabré

Tener el coraje de amar
Con paciencia encontrar algo de mí en ti
Deslizarme entre el deseo y la palabra
Aprender el significado y luego olvidarlo

Tus manos sobre mi pecho abierto
En tu ojos la certeza del conocimiento

Díctame tu fantasía al oído
Baja la escalera entre la lluvia
Recorre el camino sinuoso
Para descubrir la escena bajo el sol
El encuentro irremediable
El olor del azahar y la palabra azahar

Después de tu respiración nocturna
En un país desconocido
Con la ilusión sublime del niño que aguarda
Descubrirte mirando entre las escotillas el mar
Aún sobrecogido y fascinado por el mundo

El asombro y la inocencia preservas
A pesar del tiempo y de la experiencia
Para tener el coraje de amar

Un hilo de música

Besar con los ojos muy cerrados
Como si no existieran la distancia ni el otro
Sólo hay uno sin espacio y sin tiempo

Dan ganas de olvidarse de sí mismo
Perderse para siempre en un abrazo
Sin recobrar la conciencia

Quisiera imaginar aunque sólo sea un instante
Que sientes ahora un hilo de música
De sombra que atraviesa tu cuerpo

Y congela tu corazón en ese momento
Cercano al miedo de estar solo
Y al miedo peor de estar con otro

En un hotel barato fingiendo una película
de Wong Kar-Wai

Ellos suben y bajan por la escalera de hierro
La que lleva a ninguna parte
La mirada desobediente se imprime en sus cuerpos

Una voz al otro lado de la puerta
Habla de amor y de tiempo
Si se pudiera apurar el placer

Sobre el papel pintado hay rojos círculos
En las paredes aún palpita el deseo
El humo azul cubre las persianas

Ellos suben y bajan por la escalera
Él escucha en la radio melodías familiares
Y en la habitación de al lado se juega una partida

As de bastos
¿Será el triunfo quizás?
Mañana él se habrá ido

Ella subirá y bajará la escalera
Hacia ninguna parte
Hacia sí misma

Él viajará en tren
La mirada perdida en el paisaje

En sus pensamientos
Una sola idea obsesiva
Ella

Con su equipaje atravesará la noche
Jugará de nuevo otra partida
Un siete de espadas
La soledad lo habita

Para el hombre que conocí en París

Entre aguardiente y tequila te conocí en París
O fue tal vez en Bogotá
Solitario en las barras de los bares
Contabas historias de hombre alucinado

Bañado por la luz pálida y amarilla del local
Jugabas a ser profeta entre borrachos
Salía de tu boca un remedo de voz ronco
Mientras los mirabas peregrinar bajo la lluvia

Buscabas desesperado algo tuyo en todos ellos
Ahogados en responsabilidades y trabajos
Maniquíes ejemplares con camisas de fuerza
Pero tú repetías con aliento apenas audible

I'm sorry, goodbye Mom...
Je suis désolé, au revoir maman...

Dedicado a la exaltación turbia de la lujuria
Apostaste con la carta sin número
El juego de los estados alterados
El olvido de los amores incurables

Te fuiste bailando entre el fuego
Aprisa con tu automóvil cruzaste la noche

Breve historia de amor

Y hay amores que duran algo menos que un beso
y besos que han durado algo más que una vida

Luis Rosales

Los trenes van y vienen
En el andén una mujer espera
Un hombre se abisma en la estación

Pasajeros pasos prisas puertas
Se cierran y se abren
Cristales atisbos velocidad

Ella levanta la cabeza del libro
Niebla
A la misma hora en ese lugar
Dos destinos se cruzan

Él la cubre con la mirada
Sabiéndose efímeros
Atesoran el instante

Vigilaré cada día

Vigilaré cada día el portón de tu casa
Para seguirte sin que te des cuenta
Y en mi estado de caótica mujer

Abrazada a tu muslo
Pegada a tu espalda

Te seguiré inalterable y cálida
Por las oscuras y frías calles de la noche

Para saber lo que bebes
Para sentir lo que sientes

Para beberme contigo la vida a sorbos en los bares

Hoy nieva en Madrid

Si quieres borrar la distancia
Abre los ojos
Y contempla el vuelo
De la nieve en las calles

Ahora eres tú
El que habita este instante
El que vive este cuerpo
El que invierte este deseo

Cae la nieve de manera persistente
Como la memoria se empeña en recordar

Ahora eres tú el que condenas tu sueño
El que cruza el océano mudo
El que se arroja a las llamas
Y estremece este cielo de aguas irisadas

A pesar de los días y de las noches
El corazón se ha detenido
Congelado en tus pupilas
El tiempo no transcurre

Mátame amor

Desenreda tu aliento breve sobre mi nuca
Anida salvaje en mi frente

Con tu reloj de sol cuenta las horas
Vuelve de tu exilio entre la nieve
Calma la tempestad de mis mejillas

Mátame amor

Para que el tiempo abrase mi cuerpo abierto
Para que encuentre a lo lejos las azucenas
Para que muera en tu ojo esta tarde violeta

Escucha
Mi gesto no alcanza
Mi voz no se acerca
Si el amor está lejos
Sólo existe irredimible
El instante insalvable

No mires a los ojos de la gente

Sant Felip Neri
Place de la Concorde
Trafalgar Square

El resplandor de la tarde
Las estatuas están celosas
Revolotean pájaros raros

Las risas encrespadas
Los juegos de los niños
Me regresan a la vida

Apresados en la piedra como cicatrices
Permanecen los fantasmas de Sant Felip Neri
Baudelaire examina el corazón de los infantes

Hombre y mujer se funden en la mímica del beso
Buscan la verdad en los cuerpos del deseo
Los hoteles son parábola de soledad

Repites una y otra vez
By love Possessed
By love Possessed

Quemo mi adolescencia en los espejos
Dibujo con los dedos los bordes de la luz

Canto para mí misma
No mires a los ojos de la gente
Me dan miedo mienten siempre

Voces atrapadas y nocturnas
En los sótanos de las estaciones
Saliva y cuerpos se enredan

No salgas a la calle cuando hay gente
¿Y si no vuelves? ¿Y si te pierdes?
¿Volveremos a encontrarnos?

Mon semblable mon frère
Vendrán las iguanas vivas a morder a los hombres
/que no sueñan

¿Vendrás tú a morder mi corazón?

La mañana se hace leve con tus besos
Cambia el ritmo de los hábitos
En mi espalda crece un árbol
Que une cielo y tierra

La raíz de mi boca hundo
Hasta el umbral de tu boca
Bebo tu respiración liviana
Me concedes el fuego

Río de luciérnagas en la noche
Tras la niebla los hilos del amor

En el nacimiento de la aurora
Resplandece la lira de Orfeo
En un bosque espeso mora Amor
La música celeste rescata a Eurídice
Por un hilo invisible se escapa la muerte

Sobórname hasta ese cuerpo
Donde crece la raíz del amor
Rezar es elevar la palabra
Besar es elevar el cuerpo

Oda a Baco

De los ríos emerjan los peces
Y sus escamas sean lecho de plata
Para este amor de mediodía
Que nos convoca a la lujuria y al llanto

A los extremos del ser
Entre éxtasis y delirio
Fruta sensual que se arrebata
Pura en esta hora

Ya no regresarás al hogar amado Baco
Pero tus ojos habrán visto el arco iris del amor
Sentirás como ecos últimos del ser
Las voces que se agitan tras las nubes

Viernes de pasión

Granada atemporal y mágica
De miradas como espejos
Donde el agua sigilosa
Une pasado y presente

Granada de música y poemas
Con duende y cuchillos
Con olor de jazmines

Granada donde el verso se hace carne
Y las palabras fluyen
Un canto de amores
Perdidos encontrados casuales

Granada Pasión Gloria Resurrección
Que arde en tus muros
Granada y la historia de tus amantes
Que invocan a la Alhambra
Desde cualquier ventana

Granada donde el deseo se urde
En un cuento de Sherezade

Lo que nos queda

Ahora sólo nos queda retomar el río
Ver el patio
Los arcos
La luz sobre el agua

Sentir la humedad de esos labios
Que nos salvan del vacío

Amor líquido
Ansiosas miradas

Por las eternas avenidas de la noche
Luces de neón en mis dulces avenidas

Noche hacia ti conjurada

Este es el recuerdo
Que revela vibrante
Bajo tu mano mi pecho
El trampolín de tu sonrisa

Cuando cierro los ojos
Estás justo a mi lado
Es un tiempo distinto y me amas
Es ahora y sé que aún me amas

Muchacho rubio
Ojos azules
Sabor a firmamento

Escribes cada día
Periferias del aire
Alma gemela tú

Este es el recuerdo
Preciso de tu rostro
Inquietud de mi alma

Mecánica del amor
De tu cuerpo ausente
De tu cuerpo intocado
Me quema el anhelarte
No tenerte me condena

No habrá de bastarnos
Eternidad para vencer
Esta llama en que arder
Es morir cada noche

Este deseo fiero disoluto
Despierto en esta hora
Igual que ayer palpita

Caminos de agosto

Sé que habité contigo ese instante
Entre destellos rojizos y naranjas
Nos deslizamos ebrios hacia la tarde
Envueltos en fragancias húmedas

Llevabas un sombrero blanco
–Estabas quemado por el sol–
Filamentos de paja dorada
Se entrelazaban con tu ropa

Caímos cubiertos de espigas
Enredados por hebras de luz
Tus labios entre sueño y delirio
Buscaron temblorosos los míos

Sé que habité contigo ese momento
Donde la felicidad se derramaba
Sin tregua sobre la tierra gruesa
Entonces supe que aún estaba viva

Verano

1

Contemplo la hierba dorada por el sol
Ajeno a lo lejos el mar
La manifestación del ser

En cada poro de la tierra
Paisajes blancos de sal
Rocas perfiladas por el tiempo

Y sobre las hermosas flores del desierto
El peso inexorable de la vida

Tal vez seré feliz

2
(Menorca)
Ya nada se escucha
Solo el leve chapoteo de los cuerpos
La quietud de una siesta

Recuerda la soledad saudade antigua
La lascivia de unos labios a pleno día
Las promesas y el deseo de ser todo

Oh dulce estación donde me sé feliz
Parece que la vida detuviera su curso
En esta isla donde deseo arder
Hay tiempo para armar y para amar

Hay tiempo para tenerte cerca
Para sentirte a mi lado
Sobre las hojas y la tierra

Sin respiro muriendo lenta
Toda al fondo de ti cayendo

No tengo miedo a perderte
No temo ya nada
Así desde este instante me lleno de ti

3
Cielo claro la memoria
Reverberación de risas
Ecos de hojas en el bosque

Sobre las rocas los escorpiones
Se adentran en las cuevas
Para invocar la noche y el veneno

Deja que el tiempo pase
Sin hacer nada
Sólo mira de frente el mar

Y si te parece poco mirar de frente
Y si te parece nada
Dejar que el tiempo pase

El verano concederá a la rutina
Cierto sabor a verdad plácida

Arquitectura

Cariátides asomadas al cielo
En la habitación soleada
Arquitectura íntima

Espacios de fuego
Los ojos
El lecho

La música arrebata belleza
Al tocar el arco de su espalda
Descubre del deseo el ritmo
Reposa medita el acorde
Ademán barroco
Diapasón de ébano
Pulsación de la cuerda

Inevitable llegará el invierno
Se desvanecerán los abrazos
En la gravedad del sol
Sobre el lecho la sombra

Mas el alma aún intacta
Se acordará de esos días
Cuando —lejos la muerte—
La vida era aún una fiesta

Plegaria de la ausente

Beber de las uvas el néctar
Sentir sin piel por fin la vida
El día que yo muera
Que todos rían y canten

Compañero de noches y de días
Escucha fugaz las notas del sarod
Hasta alargar la voz hasta tu voz

Sobre un cielo limpio
Se proyecten estrofas de nuestra vida
Jeroglífico bello e impreciso a la vez

El día que yo muera
Haya música klezmer
Y una fiesta y un baile
Como si fuese una boda

Hasta alargar la mano hasta tu mano
Entraré en el alba feliz después de todo
Lo inevitable me soborne hasta su lecho

Jeanne Hébuterne y Amedeo Modigliani

¿Quién se asomó al tibio goce de tu cuerpo?
Esculpió el sonido de tu voz
Irisó la carne de tus labios

Rasgó herida y veneno del deseo
Hasta el fuego puro abrasador
Hasta volverse feroz desasosiego

Escuchaste el latido de tu vientre
Te abriste al abismo de ese día
Bajo el peso insondable de la vida

Ebrios de sollozos reprimidos
Bajo el hermoso manto de la tierra
Con él te casaste allá en la muerte

Entonces se hizo noche
Mas un destello de relámpagos
Alumbró la enorme tela oscura

Resurrección

Has aprendido el verbo
El sabor de la conquista
El juego de la seducción

Has devorado la piel del otro
Bañado en el agua del goce
Y del llanto que quema el olvido

En calma te has sentado tranquilo
Para contemplar sin pretensiones
El vuelo de la espada
Sobre la tela del aire

Hubiera sabido que me amabas
Hubiera ardido en deseos impíos
Hubiera aprendido a tocar jazz
A improvisar en las fiestas

Hubiera construido en arena
Mis sueños de astronauta
Hubiera quemado las noches

Me hubiera lanzado a la mar
Arribado a la bahía de Ha Long
Hubiera sabido que me amabas
Hubiera encerrado los Noes

Hubiera besado tus ojos niños
Tu pelo turbio e imperfecto
Lleno de maleza de parque
Hubiera ardido en quizás
Tal vez y todavías

Hubiera sabido que me amabas
Hubiera recitado versos inmortales
Hubiera acariciado la gracia
Aunque fuese tan solo un instante
Para deshabitar mi insignificancia

Hubiera bebido del vaso de fuego
Hubiera pulsado la armonía perfecta
Hubiera exprimido la esencia de todo
Hubiera sabido que me amabas

Hubiera descifrado a Leonardo
Hasta aprender el sentido del vuelo
Hubiera explorado Madagascar
Hubiera habitado el ojo de Chagall

Ahora giro con la danza del derviche
Experimento el escalofrío del alma
Hasta abrir las puertas del misterio
Que deshoja el mundo real

Reconstruyo mis fragmentos
Soy la suma de mí misma
Voy de lo visible a lo invisible
A través del ritmo de la belleza

Me debo oh Júpiter a Hermes
Mensajero y guía de lo arcano

A mi muerte transitaré un almíbar
Entre suaves esferas de mercurio
Bocanada de sonidos puros
Silbido pausado del universo
Hasta ser polvo de estrella

Después de circular en esta hoguera
Teatro y vanidad del mundo
Altiva y complaciente
Habitaré la ciudad en prosa
Hasta morar por fin en el poema

Simple
Tocar los rayos de sol
La gracia en el flujo del río

Sutil
La geometría en el vuelo de las aves
El aliento que nubla el cristal

Bello
Tus ojos en los míos
Fraguando el poema de la vida

Velado
El camino de los símbolos
Árbol
Montaña Pez

Fugaz
El instante en que la nieve trae la pureza
La ascensión del humo
El movimiento imperceptible de las nubes

Frágil
El baile de las hojas
El peso de las sombras

Desnudo
En el centro del poema el hombre
Entre cielo y tierra
Revela el misterio de la vida

Índice

LA SED CON QUE MIRABAS
de Adriana Hoyos
-1/10 de la Colección Capitanas 2-
se terminó de editar y maquetar
por Nautilus Ediciones
en Zaragoza, España,
en abril de 2024.